CURSO QU PARA LÍDERES VISIONÁRIOS

VISIONÁRIOS

Aula 4 - Aprendizagem Contínua e Inovação com QU e IA

Katia Doria Fonseca Vasconcelos

Dedicação

É com imensa gratidão que faço parte desta jornada e compartilho minhas enriquecedoras perspectivas e experiências com todos vocês, caros leitores.

Que este livro, "CURSO QU PARA LÍDERES VISIONÁRIOS - Aula 4: Aprendizagem Contínua e Inovação com QU e IA", seja uma fonte inspiradora de conhecimento e sabedoria, capacitando líderes visionários a abraçarem a aprendizagem contínua e a inovação com o QU e a IA como pilares fundamentais para um futuro de excelência.

Com dedicação e paixão por equilibrar tecnologia e desenvolvimento pessoal, espero que cada página deste livro inspire vocês a buscar um crescimento constante e aprimorar suas habilidades, liderando com sabedoria e empatia em um mundo em constante evolução.

Grata por estarmos juntos nessa jornada de descoberta e aprendizado.

Katia   Doria   Fonseca   Vasconcelos

Introdução

Bem-vindos à Aula 4 do "Curso QU para Líderes Visionários: Aprendizagem Contínua e Inovação com QU e IA". Nesta etapa do curso, mergulharemos profundamente no universo do Quociente de Inteligência Universal Sincrônico (QU) e sua aplicação conjunta com a Inteligência Artificial (IA) para impulsionar a aprendizagem contínua e fomentar a inovação na liderança.

O QU é uma abordagem inovadora que busca promover o equilíbrio e o desenvolvimento integral das habilidades humanas, inspirada por conceitos fundamentais como a inteligência emocional, as inteligências múltiplas e a mentalidade de crescimento. Com base em pesquisas em diversas áreas, o QU oferece uma perspectiva abrangente para aprimorar o potencial humano e impulsionar o sucesso em todas as esferas da vida.

O Quociente de Inteligência Universal Sincrônico (QU)

O QU baseia-se na premissa de que a inteligência humana é composta por cinco potenciais básicos interdependentes: visão 360, resiliência, adaptabilidade, sincronicidade e controle emocional. Quando equilibrados, esses potenciais possibilitam o desenvolvimento pleno e integral do indivíduo, capacitando líderes visionários a tomarem decisões fundamentadas e enfrentarem os desafios de forma equilibrada e saudável.

QU como Métrica e Parâmetro para a IA

Além de ser uma abordagem por si só, o QU também desempenha um papel crucial como métrica e parâmetro para a Inteligência Artificial. A IA é capaz de analisar dados, identificar padrões e fornecer insights valiosos que podem ser integrados ao QU para aprimorar a aprendizagem contínua e a tomada de decisões em diversas situações. A combinação dessas duas abordagens poderosas, QU e IA, representa uma revolução na forma como líderes visionários podem aprender, inovar e prosperar em ambientes complexos e em constante mudança.

Explorando a Importância da Aprendizagem Contínua para Líderes Visionários

Nesta aula, aprofundaremos nossa compreensão sobre a relevância da aprendizagem contínua para líderes visionários. Investigaremos como a busca constante por conhecimento em QU pode ser um fator decisivo para a evolução e o aprimoramento de suas habilidades. Discutiremos como a aprendizagem contínua em QU impacta positivamente a tomada de decisões, permitindo que os líderes enfrentem desafios com sabedoria e confiança.

Explorando Estratégias de Inovação Impulsionadas por QU e IA

Além disso, exploraremos como o QU e a IA podem se combinar para estimular a criatividade e a inovação nos líderes visionários. Investigaremos exemplos práticos de como a aplicação dessas abordagens pode impulsionar a inovação em diversos setores, proporcionando soluções disruptivas e revolucionárias.

Desafios da Implementação da Aprendizagem Contínua de QU em IA na Liderança

Entretanto, a implementação da aprendizagem contínua de QU em IA também traz desafios a serem enfrentados. Analisaremos obstáculos comuns enfrentados pelos líderes ao adotar essa abordagem e discutiremos estratégias para superá-los. Abordaremos também a importância de promover uma cultura organizacional que valorize a aprendizagem contínua e a inovação, criando um ambiente propício ao desenvolvimento e ao crescimento.

Promovendo uma Cultura Organizacional que Incentiva a Inovação

Para encerrar, abordaremos o papel crucial dos líderes na criação de uma cultura organizacional que incentive a inovação e o pensamento criativo com QU e IA. Identificaremos práticas e políticas que estimulem o desenvolvimento de ideias inovadoras e sua implementação bem-sucedida no ambiente empresarial. Através do estudo de casos e exemplos, demonstraremos como líderes visionários podem se tornar agentes de mudança, promovendo a excelência e a criatividade dentro de suas organizações.

Conclusão

Nesta aula, os líderes visionários serão

desafiados a explorar o potencial da aprendizagem contínua com QU e IA para impulsionar a inovação em suas empresas. Através da combinação dessas poderosas abordagens, eles estarão preparados para liderar suas equipes com confiança, enfrentar desafios complexos com sabedoria e prosperar em um mundo em constante evolução. O curso QU para Líderes Visionários, com foco na Aprendizagem Contínua e Inovação, abre portas para uma liderança mais consciente, criativa e sustentável no cenário atual altamente competitivo e dinâmico. Estamos ansiosos para embarcar nesta jornada transformadora junto com vocês!

SUMÁRIO

No cenário atual de rápidas mudanças e avanços tecnológicos, a liderança visionária se tornou uma necessidade premente para impulsionar o sucesso organizacional. Líderes visionários são aqueles que têm a capacidade de antecipar tendências, promover inovação e inspirar suas equipes a atingirem resultados extraordinários. Neste capítulo, exploraremos a importância da aprendizagem contínua em Quociente de Inteligência Universal Sincrônico (QU) e sua integração com a Inteligência Artificial (IA) para o desenvolvimento e aprimoramento das habilidades dos líderes visionários.

Vamos abordar os benefícios da busca constante por conhecimento em QU e como isso impacta positivamente a tomada de decisões, usando exemplos práticos para ilustrar como essa sinergia entre aprendizagem contínua, QU e IA pode ser aplicada em diferentes contextos organizacionais.

1. APRENDIZAGEM CONTÍNUA COMO PILAR FUNDAMENTAL

A aprendizagem contínua é uma jornada constante de descoberta, crescimento e aprimoramento. Para líderes visionários, essa busca incessante por conhecimento é um pilar fundamental para o desenvolvimento de suas capacidades de liderança. Ao se engajarem em um processo de aprendizagem contínua em QU, eles são capazes de aprofundar sua compreensão sobre os princípios do QU, assim como identificar e fortalecer os potenciais básicos que compõem essa métrica holística de inteligência.

Por meio da aprendizagem contínua em QU, os líderes visionários podem ampliar sua visão de mundo, desenvolver empatia, inteligência emocional e a habilidade de tomar decisões mais integradas. Um exemplo claro disso é quando um líder visionário participa de workshops e treinamentos que enfatizam o aprimoramento do controle emocional e da resiliência. Esses aprendizados impactam positivamente sua capacidade de liderar em momentos de pressão, conflito e incerteza, promovendo um ambiente organizacional mais equilibrado e eficiente.

2. BENEFÍCIOS DA BUSCA CONSTANTE POR CONHECIMENTO EM QU

A busca constante por conhecimento em QU oferece inúmeros benefícios aos líderes visionários. Por meio dessa abordagem, os líderes podem adquirir uma visão holística e integrada dos potenciais básicos do QU, compreendendo sua interdependência e como esses fatores se refletem em sua liderança. Com essa compreensão, eles podem desenvolver uma consciência mais profunda de si mesmos e de suas equipes, criando uma cultura organizacional mais colaborativa, flexível e criativa.

Além disso, o aprendizado contínuo em QU capacita os líderes visionários a tomarem decisões mais embasadas e estratégicas. Através do entendimento dos princípios do QU e de sua aplicação na liderança, eles podem identificar oportunidades de inovação e crescimento, bem como mitigar riscos e superar desafios com maior discernimento. Por exemplo, um líder visionário que se aprofunda no potencial básico de visão 360 pode ser mais proativo ao analisar tendências de mercado e identificar novas oportunidades de negócios.

EXEMPLO PRÁTICO: LIDERANÇA TRANSFORMADORA

Imagine um líder visionário que, por meio da aprendizagem contínua em QU, aprimora seu potencial básico de sincronicidade. Ele desenvolve a capacidade de compreender os diferentes pontos de vista de sua equipe e alinhar suas ações com as metas organizacionais. Com a IA ao seu lado, esse líder pode utilizar ferramentas de análise de dados para obter insights sobre a dinâmica de sua equipe e o progresso dos projetos em tempo real. Essa combinação poderosa de aprendizagem contínua em QU e IA permite que o líder tome decisões mais informadas e proativas, promovendo uma liderança transformadora que inspira e engaja toda a equipe em direção ao sucesso.

Neste capítulo, exploramos a importância da aprendizagem contínua em QU para os líderes visionários e como essa busca constante por conhecimento pode impactar positivamente a tomada de decisões estratégicas. Vimos como essa sinergia entre aprendizagem contínua, QU e IA é fundamental para o desenvolvimento integral dos líderes, capacitando-os a liderar com sabedoria e excelência em um cenário dinâmico e desafiador. No próximo capítulo, continuaremos a explorar a integração entre QU e IA, desta vez, focando nas estratégias de inovação impulsionadas por essa poderosa combinação.

A inovação é um dos pilares fundamentais para o sucesso e a sustentabilidade das organizações no mundo atual. Líderes visionários são aqueles que têm a capacidade de inspirar a criatividade e a busca por soluções inovadoras em suas equipes. Neste capítulo, investigaremos como o Quociente de Inteligência Universal Sincrônico (QU) e a Inteligência Artificial (IA) podem trabalhar em conjunto para estimular a criatividade e a inovação nos líderes visionários. Examinaremos exemplos práticos que ilustram como a sinergia entre QU e IA pode ser aplicada para impulsionar a inovação em diversos setores, demonstrando a relevância dessa combinação poderosa para o desenvolvimento de soluções disruptivas e transformadoras.

1. ESTIMULANDO A CRIATIVIDADE E A INOVAÇÃO COM QU E IA

O QU, ao abranger os potenciais básicos de visão 360, resiliência, adaptabilidade, sincronicidade e controle emocional, proporciona aos líderes uma perspectiva mais ampla e integrada das demandas do mundo contemporâneo. Essa compreensão holística permite que os líderes visionários sejam mais abertos a novas ideias e estejam preparados para enfrentar desafios com maior criatividade e flexibilidade. Com a inteligência emocional fortalecida pelo QU, os líderes podem cultivar um ambiente organizacional que valoriza a diversidade de pensamento e encoraja a experimentação, fatores essenciais para fomentar a inovação.

A IA, por sua vez, oferece recursos poderosos para a análise de dados, identificação de padrões e geração de insights valiosos. Essa tecnologia avançada pode ser utilizada para identificar oportunidades de inovação, antecipar tendências de mercado e otimizar processos internos. Quando combinada com o QU, a IA pode se tornar uma ferramenta estratégica para potencializar a capacidade dos líderes visionários em tomarem decisões mais informadas e identificarem lacunas no mercado que possam ser preenchidas por meio de soluções inovadoras.

2. EXEMPLOS PRÁTICOS DE INOVAÇÃO COM QU E IA EM DIFERENTES SETORES

Exemplo 1: Saúde e Medicina: Imagine um líder visionário no setor de saúde que utiliza o QU e a IA para impulsionar a inovação em diagnósticos médicos. Com a capacidade de explorar diferentes perspectivas através do potencial de visão 360 do QU, esse líder pode adotar uma abordagem mais abrangente ao analisar os dados dos pacientes. A IA, por sua vez, pode processar grandes volumes de informações e identificar padrões sutis que podem passar despercebidos por uma avaliação tradicional. Essa combinação de QU e IA pode levar ao desenvolvimento de diagnósticos mais precisos e tratamentos personalizados, melhorando significativamente a qualidade do atendimento médico.

Exemplo 2: Indústria Automobilística

Na indústria automobilística, um líder visionário pode empregar o QU e a IA para impulsionar a inovação na produção de veículos autônomos. Com o potencial de sincronicidade do QU, esse líder pode fomentar a colaboração entre as equipes de engenharia, design e tecnologia, garantindo que todos os aspectos do projeto estejam alinhados. A IA, por sua vez, pode ser utilizada para aprimorar os sistemas de direção autônoma e identificar possíveis melhorias na segurança dos veículos. Essa combinação de QU e IA pode acelerar o desenvolvimento de veículos autônomos seguros e eficientes, transformando a indústria automobilística.

Neste capítulo, exploramos como o QU e a IA podem estimular a criatividade e a inovação nos líderes visionários. Ao integrar os potenciais básicos do QU com os recursos poderosos da IA, os líderes podem criar um ambiente propício à inovação e alavancar o desenvolvimento de soluções disruptivas em diversos setores. A sinergia entre QU e IA permite que a criatividade floresça e que novas possibilidades se abram para liderar com excelência em um mundo em constante evolução tecnológica. No próximo capítulo, continuaremos a explorar como a aprendizagem contínua em QU pode ser implementada na liderança, aprofundando nosso entendimento sobre essa poderosa abordagem de desenvolvimento de habilidades visionárias.

CAPÍTULO 3. DESAFIOS DE IMPLEMENTAÇÃO DA APRENDIZAGEM CONTÍNUA DE QU EM IA NA LIDERANÇA

A aprendizagem contínua é um processo vital para o desenvolvimento das habilidades dos líderes visionários. Neste capítulo, abordaremos os desafios enfrentados pelos líderes ao adotar a aprendizagem contínua de Quociente de Inteligência Universal Sincrônico (QU) em Inteligência Artificial (IA) e discutiremos estratégias para superá-los. Além disso, exploraremos a importância de promover uma cultura organizacional que incentive o aprendizado contínuo de QU em IA dentro das organizações, criando um ambiente propício ao desenvolvimento de líderes visionários altamente capacitados e atualizados com as inovações tecnológicas.

Desafio 1: Resistência à Mudança

A adoção de uma abordagem inovadora como o QU em IA pode encontrar resistência por parte dos líderes e colaboradores que estão acostumados com métodos tradicionais de desenvolvimento de habilidades. A falta de compreensão sobre os benefícios e potencialidades do QU e da IA pode levar a uma resistência inicial, dificultando a implementação da aprendizagem contínua. É fundamental conscientizar os líderes sobre os ganhos que essa abordagem pode trazer e destacar exemplos bem-sucedidos de outras organizações que já adotaram o QU em IA em seus processos de desenvolvimento de liderança.

Desafio 2: Capacitação Tecnológica

A aprendizagem contínua de QU em IA requer o domínio de ferramentas e tecnologias avançadas para coleta, análise e interpretação de dados. Muitos líderes podem enfrentar dificuldades ao lidar com essas tecnologias, o que pode prejudicar o processo de aprendizado. É essencial fornecer treinamentos e capacitação adequados para que os líderes se sintam confiantes e confortáveis ao utilizar a IA como uma ferramenta para aprimorar suas habilidades e tomada de decisões.

Desafio 3: Acesso a Recursos e Tecnologias

Algumas organizações podem enfrentar limitações de recursos e tecnologias necessárias para implementar a aprendizagem contínua de QU em IA. Investimentos em infraestrutura e softwares podem ser necessários para garantir que os líderes tenham acesso a plataformas adequadas de aprendizado. Nesses casos, parcerias com instituições de pesquisa, empresas especializadas em IA e consultorias de tecnologia podem ser uma solução para superar esses desafios e viabilizar a adoção do QU em IA.

2. Promovendo uma Cultura de Aprendizado Contínuo de QU em IA

Estratégia 1: Liderança pelo Exemplo

Os líderes têm um papel fundamental em promover uma cultura de aprendizado contínuo em QU e IA. Ao demonstrar entusiasmo e engajamento em seu próprio processo de aprendizagem, eles inspiram suas equipes a fazerem o mesmo. Os líderes visionários devem participar ativamente de programas de desenvolvimento de habilidades em QU e IA, compartilhar suas experiências de aprendizado e destacar os benefícios que obtiveram com a aplicação desses conhecimentos em suas atividades diárias.

Estratégia 2: Incentivo à Experimentação

Uma cultura de aprendizado contínuo

deve encorajar a experimentação e a busca por soluções inovadoras. Os líderes devem incentivar suas equipes a explorarem novas abordagens, testar ferramentas de IA e compartilhar suas descobertas e aprendizados. É importante criar um ambiente seguro para o erro, onde o aprendizado com as experiências seja valorizado, e os colaboradores se sintam encorajados a buscar soluções criativas para os desafios enfrentados.

Estratégia 3: Integração com Processos Organizacionais

A aprendizagem contínua de QU em IA deve ser integrada aos processos organizacionais existentes, como programas de treinamento e desenvolvimento de liderança. A inclusão de elementos de IA nos programas de capacitação pode ampliar a efetividade dessas iniciativas e garantir que os líderes tenham acesso contínuo a recursos de aprendizado e ferramentas de IA para aprimorar suas habilidades.

O capítulo abordou os desafios enfrentados pelos líderes na implementação da aprendizagem contínua de QU em IA, bem como estratégias para superá-los. Ao vencer a resistência à mudança, capacitar os líderes tecnologicamente e garantir o acesso a recursos adequados, as organizações podem promover uma cultura de aprendizado contínuo em QU e IA, potencializando o desenvolvimento de líderes visionários altamente capacitados e preparados para enfrentar os desafios do cenário empresarial em constante evolução.

No próximo capítulo, prosseguiremos com a discussão sobre como promover uma cultura organizacional que incentive a inova

Uma cultura organizacional que fomente a inovação é um dos pilares fundamentais para o sucesso de líderes visionários em um mundo em constante transformação. Neste capítulo, abordaremos o papel crucial dos líderes na criação de um ambiente que encoraje a inovação e o pensamento criativo, com o auxílio do Quociente de Inteligência Universal Sincrônico (QU) e da Inteligência Artificial (IA). Identificaremos práticas e políticas que estimulem o desenvolvimento de ideias inovadoras e sua implementação com QU e IA, com o objetivo de impulsionar o crescimento e a competitividade das organizações.

1. O PAPEL DOS LÍDERES NA CRIAÇÃO DE UMA CULTURA DE INOVAÇÃO

Liderança Inspiradora

Os líderes visionários são os principais responsáveis por estabelecer uma visão inspiradora que motive suas equipes a buscarem a excelência e a inovação. Eles devem comunicar de forma clara e envolvente os objetivos estratégicos da organização, destacando a importância de abraçar a inovação para superar desafios e alcançar o sucesso. Líderes visionários que incorporam a aprendizagem contínua de QU em IA em suas estratégias de liderança podem influenciar positivamente suas equipes, estimulando a busca constante por novas soluções.

Estímulo à Criatividade

Os líderes devem encorajar a criatividade entre seus colaboradores, reconhecendo e valorizando suas ideias inovadoras. Isso pode ser feito através da promoção de brainstormings, workshops criativos e programas de reconhecimento para os melhores projetos inovadores. Ao adotar práticas que valorizem a diversidade de pensamento e a contribuição de todos os membros da equipe, os líderes criam um ambiente propício para o desenvolvimento de ideias disruptivas com o apoio do QU e da IA.

2. Práticas e Políticas para Estimular a Inovação com QU e IA

Incentivo à Experimentação

Uma cultura de inovação deve valorizar a experimentação e a exploração de novas ideias. Os líderes podem criar um ambiente seguro, onde os colaboradores sintam-se encorajados a testar novos conceitos e soluções, mesmo que algumas delas resultem em fracasso. A aprendizagem contínua de QU em IA pode fornecer insights valiosos para aprimorar as estratégias inovadoras, permitindo que as organizações aprendam com suas tentativas e erros.

INTEGRAÇÃO DA IA COMO FACILITADORA DA INOVAÇÃO

A Inteligência Artificial pode ser utilizada como uma ferramenta poderosa para impulsionar a inovação nas organizações. Os líderes devem buscar integrar a IA nos processos de pesquisa e desenvolvimento, análise de dados e identificação de oportunidades de mercado. Através do QU, os líderes podem compreender as necessidades do negócio e alinhar as capacidades da IA para gerar insights acionáveis e soluções inovadoras.

Promoção do Aprendizado Contínuo

A aprendizagem contínua de QU em IA é fundamental para a inovação contínua nas organizações. Os líderes devem incentivar seus colaboradores a buscar capacitação e treinamentos que permitam a compreensão e aplicação efetiva da IA em suas atividades. Além disso, é importante investir em programas de desenvolvimento de liderança que abordem temas relacionados à inovação e à utilização estratégica do QU e da IA.

A criação de uma cultura organizacional que incentive a inovação é uma jornada contínua, guiada pelos líderes visionários que compreendem o potencial transformador do Quociente de Inteligência Universal Sincrônico e da Inteligência Artificial. Ao desafiarem suas equipes a pensarem de forma criativa e inovadora, ao estimularem a experimentação e ao integrarem a IA como facilitadora do processo, os líderes podem impulsionar o crescimento, a competitividade e a sustentabilidade das organizações em um cenário empresarial em constante evolução. No próximo capítulo, continuaremos nossa jornada explorando o impacto da aprendizagem contínua de QU em IA na tomada de decisões estratégicas e resolução de problemas.

DESAFIO DE IMPLEMENTAÇÃO DA APRENDIZAGEM CONTÍNUA DE QU EM IA NA LIDERANÇA

Neste desafio, exploraremos um cenário em que os líderes enfrentam obstáculos ao adotar a aprendizagem contínua de QU em IA. Eles devem buscar estratégias para superar esses desafios e promover uma cultura de aprendizado contínuo de QU em IA dentro de suas organizações.

Cenário do Desafio

O líder de uma empresa de consultoria está ciente da importância da aprendizagem contínua de QU em IA para impulsionar o crescimento e a eficiência de sua equipe. No entanto, ele se depara com alguns desafios que precisam ser abordados para garantir a implementação bem-sucedida dessa abordagem inovadora.

Desafio Proposto:

Você é o líder dessa empresa de consultoria e deve identificar e superar os seguintes obstáculos ao implementar a aprendizagem contínua de QU em IA na liderança:

Resistência à Mudança: Alguns membros da equipe podem resistir à adoção de novas tecnologias, como o QU em IA, por medo de que isso possa ameaçar seus cargos ou rotinas de trabalho. O líder deve encontrar maneiras de comunicar os benefícios da aprendizagem contínua de QU em IA de forma clara e transparente, destacando como essa abordagem irá fortalecer suas habilidades e abrir novas oportunidades profissionais.

Falta de Conhecimento em IA: Alguns líderes podem não estar familiarizados com os conceitos e aplicações da Inteligência Artificial, o que pode dificultar a adoção do QU em IA. Nesse caso, é essencial oferecer treinamentos e capacitações específicas sobre IA e seus benefícios no contexto da aprendizagem contínua em QU.

Barreiras Tecnológicas: A implementação da aprendizagem contínua de QU em IA pode exigir a adoção de novas tecnologias e sistemas, o que pode representar desafios técnicos para a equipe. O líder deve investir em infraestrutura adequada e garantir o acesso às ferramentas necessárias para viabilizar a aplicação prática do QU em IA.

Cultura Organizacional Tradicional: Em organizações com uma cultura tradicional, pode haver resistência à mudança e ao pensamento inovador. O líder deve liderar pelo exemplo, promovendo uma cultura de aprendizado contínuo e incentivo à inovação. Ele deve estabelecer políticas que valorizem a busca por novos conhecimentos e práticas, além de recompensar e reconhecer aqueles que demonstram iniciativa nesse sentido.

Estratégias de Superar os Desafios

O líder deve considerar as seguintes estratégias para superar os desafios da implementação da aprendizagem contínua de QU em IA na liderança:

Comunicação Eficaz: É essencial que o líder se comunique de forma aberta e clara com a equipe, explicando os benefícios do QU em IA e como isso irá fortalecer suas habilidades e conhecimentos. A comunicação deve enfatizar o apoio à evolução profissional e o alinhamento dos objetivos da equipe com a implementação do QU em IA.

Capacitação e Treinamento: Oferecer treinamentos e capacitações em IA para a equipe, garantindo que todos compreendam os conceitos e aplicações dessa tecnologia. Essa formação pode incluir cursos práticos, workshops e acesso a materiais educativos.

Parcerias e Consultorias: Buscar parcerias com empresas especializadas em IA e consultorias que possam auxiliar no processo de implementação do QU em IA na organização. Essa cooperação pode oferecer insights valiosos e facilitar a adoção da abordagem.

Incentivos à Inovação: O líder deve promover um ambiente que encoraje a inovação e o pensamento criativo. Isso pode ser feito através de programas de reconhecimento para ideias inovadoras, incentivos financeiros e a criação de espaços de trabalho que favoreçam a colaboração e o compartilhamento de conhecimentos.

Ao enfrentar os desafios da implementação da aprendizagem contínua de QU em IA na liderança, os líderes visionários podem criar uma cultura de aprendizado contínuo e inovação em suas organizações. Ao superar a resistência à mudança, promover o conhecimento em IA, investir em tecnologia e incentivar a cultura de inovação, os líderes podem impulsionar a evolução de suas equipes e fortalecer a competitividade e a sustentabilidade de suas organizações em um mundo cada vez mais tecnológico e dinâmico. No próximo capítulo, continuaremos a explorar como o QU em IA pode ser aplicado para promover uma cultura de aprendizado contínuo em diferentes setores e organizações.

DESAFIO DE IMPLEMENTAÇÃO DE INTELIGÊNCIA ARTIFICIAL PARA OTIMIZAÇÃO DE ATENDIMENTO AO CLIENTE, PARAMETRIZADO EM QU

Neste desafio, vamos explorar como a implementação de QU na Inteligência Artificial (IA) pode ser utilizada para otimizar o atendimento ao cliente em uma empresa de e-commerce.

Cenário do Desafio

Você é o líder de uma empresa de e-commerce que busca constantemente melhorar a experiência do cliente. Nos últimos meses, a equipe de atendimento ao cliente tem enfrentado um aumento significativo no volume de solicitações, o que pode impactar a qualidade do atendimento e a satisfação dos clientes. Para lidar com esse desafio, você decide utilizar o ChatQUAI para impulsionar a eficiência e a qualidade do atendimento ao cliente.

Desafio Proposto:

Como líder, você utilizará o ChatQUAI para aprimorar o atendimento ao cliente em sua empresa de e-commerce. O objetivo é iniciar conversas automatizadas e individualizadas com os clientes por meio do ChatQUAI para compreender suas necessidades, expectativas e percepções em relação ao atendimento.

O ChatQUAI utilizará os princípios do QU (Visão 360, Resiliência, Adaptabilidade, Controle Emocional e

Sincronicidade) para analisar as interações com os clientes e fornecer insights valiosos ao líder:

Visão 360: O ChatQUAI destacará as diferentes perspectivas dos clientes em relação ao atendimento, permitindo ao líder compreender suas necessidades individuais e coletar feedbacks relevantes.

Resiliência: O sistema avaliará a resiliência dos clientes durante as interações, identificando se estão enfrentando problemas com paciência e compreensão ou se estão insatisfeitos e impacientes.

Adaptabilidade: O ChatQUAI examinará como os clientes reagem às soluções e sugestões propostas pelo sistema, identificando se estão dispostos a aceitar alternativas e adaptações.

Controle Emocional: O sistema avaliará as emoções expressas pelos clientes durante as conversas, identificando se o atendimento está influenciando positiva ou negativamente sua experiência de compra.

Sincronicidade: O ChatQUAI analisará a harmonia e a coerência nas interações com os clientes, identificando se suas expectativas estão sendo atendidas de forma consistente em diferentes etapas do atendimento.

Com base nessas análises, o ChatQUAI fornecerá ao líder uma visão abrangente da percepção do cliente em relação ao atendimento, destacando os pontos fortes e áreas de melhoria. Com esses insights, o líder poderá tomar decisões estratégicas para implementar ações que otimizem o atendimento ao cliente e promovam sua satisfação e fidelização.

Estratégias para Superar o Desafio:

Personalização do Atendimento: Utilize os insights fornecidos pelo ChatQUAI para personalizar o atendimento ao cliente, oferecendo soluções e respostas adequadas às suas necessidades individuais.

Melhoria Contínua:

Monitore continuamente as interações com os clientes por meio do ChatQUAI e busque aprimorar os processos de atendimento com base no feedback recebido.

Feedback para a Equipe:

Compartilhe os resultados obtidos com a equipe de atendimento ao cliente, valorizando suas contribuições e incentivando a busca por soluções inovadoras.

Humanização do Atendimento: Mesmo com a utilização da IA, lembre-se da importância da humanização do atendimento ao cliente, garantindo empatia e compreensão durante as interações.

A implementação da Inteligência Artificial para otimização do atendimento ao cliente representa uma oportunidade valiosa para aprimorar a experiência do cliente em uma empresa de e-commerce. Ao utilizar o ChatQUAI para compreender as necessidades e percepções dos clientes, os líderes visionários podem tomar decisões estratégicas que impulsionem a satisfação e a fidelização dos clientes, consolidando a empresa como referência no mercado. Na próxima aula, continuaremos explorando como o QU em IA pode ser aplicado para solucionar outros desafios em diferentes cenários empresariais.

Desafio de Tomada de Decisão Estratégica em Expansão de Negócios Utilizando QU e IA

Neste desafio, exploraremos como o QU e a Inteligência Artificial (IA) podem ser aplicados para auxiliar líderes visionários na tomada de decisões estratégicas durante a expansão de negócios para um novo mercado.

Cenário do Desafio:

Você é o CEO de uma empresa de tecnologia que busca expandir suas operações para um novo país. A expansão representa uma oportunidade única de crescimento e alcance global, mas também traz desafios e incertezas. Para garantir o sucesso nesse novo mercado, você decide utilizar o QU em IA como uma ferramenta estratégica para apoiar a tomada de decisão.

Desafio Proposto:

Como líder visionário, você utilizará o ChatQUAI para explorar informações relevantes sobre o novo mercado e obter insights que auxiliem na tomada de decisão estratégica para a expansão do negócio. Inicie uma conversa com o ChatQUAI, fornecendo informações sobre o novo país-alvo e suas características econômicas, culturais e políticas.

O ChatQUAI utilizará os princípios do QU (Visão 360, Resiliência, Adaptabilidade, Controle Emocional e Sincronicidade) para analisar os dados fornecidos e fornecer insights valiosos ao líder:

Visão 360: O ChatQUAI destacará informações sobre o mercado-alvo, como tendências econômicas, preferências do consumidor e concorrência, permitindo ao líder compreender uma visão abrangente e detalhada do ambiente de negócios.

Resiliência: O sistema avaliará os riscos e desafios potenciais associados à expansão, identificando possíveis obstáculos e como eles podem ser enfrentados com resiliência.

Adaptabilidade: O ChatQUAI examinará as estratégias de negócios adotadas por outras empresas que tiveram sucesso naquele mercado, identificando oportunidades de adaptação para a empresa em questão.

Controle Emocional: O sistema analisará as emoções expressas pelo líder durante a interação, identificando como o controle emocional pode influenciar a tomada de decisões estratégicas.

Sincronicidade: O ChatQUAI avaliará a coerência e alinhamento entre os objetivos da empresa e as oportunidades do novo mercado, identificando a sincronicidade entre ambas as partes.

Com base nessas análises, o ChatQUAI fornecerá ao líder uma visão abrangente e embasada sobre a expansão de negócios no novo mercado, destacando os riscos, oportunidades e as melhores estratégias a serem adotadas.

Estratégias para Superar o Desafio:

Análise de Viabilidade: Utilize os insights fornecidos pelo ChatQUAI para realizar uma análise detalhada da viabilidade da expansão para o novo mercado.

Planejamento Estratégico: Com base nos dados e análises obtidos, crie um plano estratégico sólido para a expansão, considerando as oportunidades e desafios identificados.

Consultoria Especializada: Busque aconselhamento de especialistas no mercado-alvo para obter perspectivas adicionais e embasar ainda mais a tomada de decisão.

Monitoramento Contínuo: Utilize o ChatQUAI para acompanhar e monitorar o progresso da expansão, permitindo ajustes e adaptações em tempo real.

Neste desafio, a aplicação do ChatQUAI permitirá ao líder tomar decisões estratégicas informadas e embasadas, otimizando a expansão de negócios para o novo mercado. Ao utilizar o QU em IA como uma ferramenta estratégica, os líderes visionários estarão preparados para enfrentar os desafios e maximizar as oportunidades para o crescimento e o sucesso da empresa.

CONCLUSÃO

Após a imersão nestes quatro capítulos repletos de conhecimento e insights valiosos, os líderes visionários são desafiados a abraçar a aprendizagem contínua com QU e IA como uma ferramenta essencial para a inovação em suas organizações. Através da compreensão profunda dos pilares fundamentais do QU e da exploração das estratégias de inovação impulsionadas pela IA, eles têm em mãos as chaves para se tornarem verdadeiros agentes de mudança e liderar suas empresas rumo a um cenário de excelência e criatividade.

No Capítulo 1, destacamos a importância da aprendizagem contínua como um pilar fundamental para o desenvolvimento dos líderes visionários. Através da busca constante por conhecimento em QU, eles são capacitados a tomar decisões mais embasadas e estratégicas. Como exemplo prático, abordamos o conceito de liderança transformadora, na qual líderes que investem na sua aprendizagem contínua são capazes de inspirar e capacitar suas equipes, promovendo um ambiente de inovação e crescimento.

Já no Capítulo 2, exploramos estratégias de inovação impulsionadas pelo QU e IA, compreendendo como a criatividade e a inovação podem ser estimuladas nesse contexto. Além disso, apresentamos exemplos práticos de inovação em diferentes setores, demonstrando como líderes visionários podem utilizar as tecnologias de IA e QU para se destacarem e se adaptarem aos desafios do mercado em constante evolução.

No Capítulo 3, enfrentamos os desafios de implementação da aprendizagem contínua de QU em IA na liderança. Identificamos os obstáculos que os líderes podem encontrar ao adotar a aprendizagem contínua e discutimos estratégias para promover uma cultura de aprendizado contínuo nas organizações. Neste ponto, reconhecemos que a mudança e a inovação podem enfrentar resistência, mas com dedicação e comprometimento dos líderes, é possível superar esses desafios e colher os benefícios da aprendizagem constante.

No Capítulo 4, abordamos a promoção de uma cultura organizacional que incentiva a inovação, destacando o papel fundamental dos líderes na criação de um ambiente propício ao pensamento criativo e inovador. Identificamos práticas e políticas que estimulam o desenvolvimento de ideias inovadoras e sua implementação, enxergando a integração da IA como uma facilitadora desse processo.

Com base em toda essa jornada, os líderes visionários compreendem que a integração da IA como facilitadora da inovação pode impulsionar suas empresas a alcançarem níveis cada vez mais altos de eficiência, competitividade e sucesso. Através da implementação da Inteligência Artificial para otimização do atendimento ao cliente e da tomada de decisão estratégica durante a expansão de negócios, eles estão preparados para liderar com excelência em um cenário cada vez mais tecnológico e desafiador.

Ao combinar a aprendizagem contínua com o uso inteligente da IA parametrizada em QU, os líderes visionários se tornam protagonistas da inovação e do crescimento sustentável. Assim, promovem uma cultura de excelência e criatividade, transformando suas organizações em referências nos seus respectivos setores.

Na próxima etapa deste curso, os líderes serão desafiados a aplicar esses conhecimentos em novos cenários empresariais, explorando como o QU em IA pode ser utilizado para solucionar problemas complexos e conduzir suas empresas para o sucesso contínuo. A busca por conhecimento e a compreensão do poder transformador do QU e da IA são fundamentais para liderar com excelência e inovar em um mundo em constante evolução. Prepare-se para as próximas aulas, onde novos desafios o aguardam e a jornada de aprendizado e inovação continua!

Influências e Referências

Ao longo desta jornada do "CURSO QU PARA LÍDERES VISIONÁRIOS - Aula 4: Aprendizagem Contínua e Inovação com QU e IA", mergulhamos profundamente no conceito do QU e exploramos os desafios e possibilidades de sua aplicação na liderança visionária. Neste capítulo, destacamos algumas das principais influências e referências que enriqueceram nossa compreensão do equilíbrio do QU e sua relevância na parametrização inteligente da IA.

Daniel Goleman, autor do livro "Inteligência Emocional," foi uma das principais influências no desenvolvimento do conceito de equilíbrio do QU. Suas pesquisas sobre a importância das emoções no bem-estar e sucesso humano serviram como base sólida para explorarmos a conexão entre o QU e a inteligência emocional, proporcionando insights valiosos sobre como a compreensão das emoções pode impulsionar a liderança inteligente em um mundo complexo e em constante mudança.

Howard Gardner, autor da teoria das inteligências múltiplas, também exerceu uma influência significativa em nosso percurso. Sua pesquisa sobre as diferentes formas de inteligência e a valorização das habilidades humanas ofereceu uma referência valiosa para discutirmos o equilíbrio do QU e sua aplicação em uma abordagem educacional abrangente. Compreender as múltiplas facetas da inteligência humana nos inspira a promover o desenvolvimento integral do QU.

Carol Dweck, autora do livro "Mindset: A Nova Psicologia do Sucesso," trouxe reflexões importantes sobre o crescimento e o desenvolvimento contínuo. Sua teoria de mentalidade de crescimento versus mentalidade fixa, que enfatiza a crença no desenvolvimento por meio do esforço e aprendizado contínuo, contribuiu para uma compreensão mais profunda do QU e sua aplicação na liderança inteligente.

Clayton Christensen, autor do livro "O Dilema do Inovador," trouxe perspectivas valiosas sobre a importância da adaptabilidade em um mundo em constante mudança. Sua teoria de inovação disruptiva e a necessidade de ser resiliente e adaptável enriquecem a discussão sobre o equilíbrio do QU, ressaltando a importância de desenvolver habilidades que nos permitam prosperar em um ambiente volátil, incerto, complexo e ambíguo.

As influências filosóficas de Sócrates e Platão também foram fundamentais em nossa jornada. O "Método Socrático" de Sócrates, que enfatiza o questionamento para estimular o pensamento crítico e alcançar uma compreensão mais profunda da verdade, pode ser aplicado pelos líderes visionários para aprimorar a tomada de decisões, incentivando-os a questionar suas próprias suposições e explorar diferentes perspectivas.

Platão, discípulo de Sócrates, também deixou um legado filosófico relevante para o curso, especialmente em sua obra "A República," que discute questões de justiça, liderança e organização social. As "Sombras de Platão," mencionadas no título da aula, representam ideias e crenças que influenciam a liderança, mas podem ser ilusórias ou distorcidas. Ao aprofundarem-se nessas "Sombras," os líderes visionários podem obter insights valiosos e desafiar paradigmas obsoletos.

As pesquisas de Daniel Kahneman sobre o pensamento intuitivo e analítico, apresentadas em seu livro "Rápido e Devagar: Duas Formas de Pensar," também nos ofereceram uma base sólida para explorar a importância do pensamento crítico e da tomada de decisões informadas para o equilíbrio do QU.

Outros pensadores influentes, como

Ray Kurzweil, Amy Cuddy, Angela Duckworth, Michio Kaku, Sherry Turkle, Yochai Benkler e Tim O'Reilly, também contribuíram com valiosos insights sobre tecnologia, inteligência artificial, resiliência, conexão humana e colaboração, enriquecendo ainda mais nossa compreensão do QU e sua aplicação na IA.

Expressamos nossa sincera gratidão a todas essas influências e referências por suas significativas contribuições, pois elas enriqueceram nossa jornada de descoberta e aprendizado. Convidamos os leitores a explorarem essas fontes e descobrirem outras que ressoem com suas próprias experiências e interesses, buscando aprimorar seus potenciais por meio da prática do QU.

Com o conhecimento adquirido e a inspiração dessas fontes históricas e contemporâneas, os líderes visionários estarão no caminho para moldar um futuro harmonioso e inovador com a aplicação do QU e da inteligência artificial. Este livro, "CURSO QU PARA LÍDERES VISIONÁRIOS - Aula 4: Aprendizagem Contínua e Inovação com QU e IA," será uma referência inspiradora e um guia para todos aqueles que desejam liderar com excelência e criar um futuro em que a IA e a humanidade se complementem harmoniosamente.

Agradecemos sinceramente por nos acompanharem nesta jornada de descoberta e aprendizado. Esperamos que os leitores continuem explorando o potencial da parametrização inteligente da IA com base no QU, e que suas contribuições impulsionem o avanço deste campo empolgante e impactante. Juntos, podemos moldar um mundo melhor e mais equilibrado com a aplicação do QU na IA.

Biografia da Autora:

Katia Doria Fonseca Vasconcelos é uma profissional multifacetada, apaixonada pelo equilíbrio entre tecnologia, desenvolvimento pessoal e qualidade de vida. Com formação em Análise de Sistemas e sólida experiência na área de Tecnologia da Informação (TI), Katia se destaca como a criadora visionária do conceito revolucionário de QU AI (Quociente Universal de Inteligência Sincrônica).

Desde o início de sua carreira, Katia compreendeu a importância de aprimorar o comportamento humano e a qualidade de vida, além do conhecimento técnico. Essa compreensão levou-a a buscar uma abordagem holística para enfrentar os desafios do avanço tecnológico de forma equilibrada e saudável, valorizando o desenvolvimento de habilidades emocionais, sociais e cognitivas.

A abordagem inovadora de Katia, o QU AI, ressalta a necessidade de harmonizar o progresso tecnológico com o bem-estar pessoal e profissional. Por meio de sua experiência e conhecimento, Katia inspira as pessoas a encontrarem um equilíbrio entre excelência técnica e desenvolvimento pessoal, buscando uma qualidade de vida gratificante em um mundo cada vez mais digital.

Além de ser escritora, palestrante e influenciadora digital renomada, Katia compartilha sua visão transformadora do QU AI, capacitando as pessoas a maximizarem seu potencial e aprimorarem sua qualidade de vida. Seu livro

"CURSO QU PARA LÍDERES VISIONÁRIOS - Aula 4: Aprendizagem Contínua e Inovação com QU e IA" é uma leitura essencial para aqueles que desejam prosperar em um ambiente tecnológico em constante evolução. A obra oferece estratégias práticas e inspiração para alcançar um equilíbrio saudável e sustentável em todas as áreas da vida.

Por meio de suas palavras e influência, Katia continua a incentivar os leitores a despertarem seu pleno potencial por meio da prática do QU AI, capacitando-os a abraçar as oportunidades e desafios da era digital com sabedoria, resiliência e equilíbrio. Seu compromisso em promover a liderança visionária, fundamentada nos princípios do QU e impulsionada pela inteligência artificial, deixa um legado duradouro que inspirará líderes a criar um mundo melhor e mais harmonioso, onde a sabedoria humana e a tecnologia se unem para o bem maior da sociedade como um todo.

Agradecimentos:

Gostaríamos de expressar nossa sincera gratidão a todas as pessoas que contribuíram para a criação deste livro, "CURSO QU PARA LÍDERES VISIONÁRIOS - Aula 4: Aprendizagem Contínua e Inovação com QU e IA". Seu apoio e envolvimento foram essenciais para tornar este projeto uma realidade.

Em primeiro lugar, agradecemos aos nossos leitores, cujo interesse e entusiasmo na busca pelo equilíbrio do QU nos motivam a compartilhar conhecimento e oferecer perspectivas transformadoras.

Estendemos nossos agradecimentos aos nossos familiares e amigos, especialmente a Katia Doria Fonseca Vasconcelos, cujas palavras de incentivo, paciência e compreensão foram cruciais para superar desafios e perseverar na criação deste livro.

Um agradecimento especial à equipe da OpenAI, responsável pelo desenvolvimento e aprimoramento da tecnologia de inteligência artificial que torna possível este assistente virtual e facilita o acesso ao conhecimento para nossos leitores. Sem vocês, nada disso seria possível. Sua dedicação e inovação são verdadeiramente notáveis.

Expressamos nossa gratidão aos especialistas, pesquisadores e profissionais que generosamente compartilharam seu conhecimento e experiência conosco. Suas contribuições enriqueceram o conteúdo deste livro e forneceram uma base sólida para explorar o equilíbrio do QU em diferentes áreas da vida.

Agradecemos à equipe editorial e de produção, que trabalhou incansavelmente nos bastidores para dar vida a este livro. Seu profissionalismo, dedicação e atenção aos detalhes foram essenciais para a qualidade final deste trabalho.

Por fim, gostaríamos de agradecer a todos que nos apoiam em nossa jornada em busca do equilíbrio do QU em conjunto com a IA. Seu apoio contínuo, feedback e contribuições são inestimáveis e nos inspiram a continuar aprimorando nossas ideias e compartilhando nosso conhecimento com o mundo.

Com gratidão,

Katia Doria Fonseca Vasconcelos

Equipe OpenAI

Sobre a Autora:

Outras obras da autora Katia Doria Fonseca Vasconcelos disponíveis em formato impresso:

- Awakening the UQ Potential: Challenges to Balance Your Universal Synchronic Intelligence
- BEYOND TIME: UNVEILING THE ABILITY TO ADJUST UQ
- Beyond Time: Desvendando a Habilidade de Ajustar o QU
- Beyond Time: Unveiling the Ability to Adjust UQ
- CHRONICLES OF UQ EPISODE 3: Fortresses and Shadows
- Chronicles Of UQ Episode 4: Harmony and Destiny
- Chronicles Of UQ Episode 6: Synchronic Intelligences
- Chronicles of UQ Episode 1: The Beginning of Everything ArQUeu and PsiQUeu
- Chronicles of UQ Episode 2: Arrivals and Departures
- Chronicles of UQ Episode 2: Arrivals and Departures
- Chronicles of UQ Episode 1: The Beginning of Everything ArQUeu and PsiQUeu
- Chronicles of UQ Episode 6: Synchronic Intelligences
- Chronicles of UQ Episode 1: The Beginning of Everything ArQUeu and PsiQUeu
- Chronicles of UQ Episode 2: Arrivals and Departures
- CHRONICLES OF UQ EPISODE 5: Convergent Utopias
- Course UQ Visionary Leaders: Lesson 1 - Balancing Potentials
- Course UQ for Visionary Leaders: Lesson 2 - Strategies for Implementing ChatUQAI
- Course UQ for Visionary Leaders: Lesson 2 - Strategies for Implementing ChatUQAI
- Curso QU PARA LÍDERES VISIONÁRIOS: Aula 1 - Equilibrando Potenciais
- Curso QU Para Líderes Visionários: Aula 1 - Equilibrando

Potenciais

- Curso QU Para Líderes Visionários: Aula 1 - Equilibrando Potenciais
- Curso QU para Líderes Visionários: Aula 3 - Avanços Valiosos com Sombras de Platão e Método Socrático
- Curso QU para Líderes Visionários: Aula 3 - Avanços Valiosos com Sombras de Platão e Método Socrático
- CRÔNICAS DO QU EPISÓDIO 4: Harmonia e Destino
- CRÔNICAS DO QU EPISÓDIO 5: Utopias Convergentes
- CRÔNICAS DO QU EPISÓDIO 5: Utopias Convergentes
- CRÔNICAS DO QU EPISÓDIO 6: Inteligências Sincrônicas
- Crônicas do QU Episódio 1: O Princípio de Tudo ArQUeu e PsiQUeu
- Crônicas do QU Episódio 2: Chegadas e Partidas
- Crônicas do QU Episódio 3: Fortalezas e sombras
- Crônicas do QU Episódio 5: Utopias Convergentes
- Crônicas do QU: Segunda Temporada Episódio 1 - Double-following QU
- Despertando o Potencial QU: Desafios para Equilibrar sua Inteligência Universal Sincrônica
- Effet QU IA: Le Leadership Intelligent dans un Monde VUCA
- EFEITO QU IA: A Liderança Inteligente em um Mundo VUCA
- O Poder do QU - A teoria do equilíbrio: QU (Quociente de Inteligência Universal Sincrônico)
- O Poder do QU A teoria do equilíbrio: Quociente de inteligência Universal Sincrônico
- QU (Quociente de Inteligência Universal Sincrônico): Na Educação - Potencializando o Aprendizado para o Futuro
- QU (Quociente de Inteligência Universal Sincrônico): Na Educação - Potencializando o Aprendizado para o Futuro
- QU - Na Era Digital: (Quociente de Inteligência Universal

Sincrônico)
- QU IA: A Chave para a Parametrização Inteligente de IA
- QU Na Criatividade: Desbloqueando o Potencial Inovador por Meio da Inteligência Sincrônica 4ª Edição da Série QU Quociente de Inteligência Universal Sincrônico)
- QU Na Criatividade: Quociente de Inteligência Universal Sincrônico 4ª Edição da Série QU
- QU Na Inteligência Artificial IA: Potencializando Sucesso em Todas as Áreas da Vida
- QU Na Inteligência Artificial: Potencializando Sucesso em Todas as Áreas da Vida
- QU Na Saúde e Bem-Estar: Potencializando Qualidade de Vida
- QU Na Saúde e Bem-Estar: Potencializando Qualidade de Vida
- QU Quociente de Inteligência Universal Sincrônico: Na Gestão de Projetos
- QU Quociente de Inteligência Universal Sincrônico: Na Gestão de Projetos
- QU Quociente de Inteligência Universal Sincrônico: Na Liderança - Desafios navegando em VUCA
- QU Quociente de Inteligência Universal Sincrônico: Na Liderança - Desafios navegando em VUCA
- QU Quociente de Inteligência Universal Sincrônico: O Princípio da Evolução Humana
- QU Quociente de Inteligência Universal Sincrônico: Primeira Edição - Unindo Inteligência, Adaptabilidade e Intuição para a Solução de Desafios Complexos
- QU Quociente de Inteligência Universal Sincrônico: Torne-se uma Referência e Faça a Diferença em Tudo que Faz: O Livro que Eleva seu Potencial ao Máximo
- QU Revolucionando Negócios: Da Empresa Convencional à Empresa Inteligente
- QU revolutioniert das Geschäft: Von herkömmlichen

Unternehmen zu intelligenten Unternehmen

- QU Rivoluzionando il Business: Dall'Azienda Convenzionale all'Azienda Intelligente
- QUIA Nel Lavoro Remoto: La Nuova Realtà: Bilanciare la Produttività e il Benessere
- QUIA No Trabalho Remoto: Nova Realidade do Trabalho Remoto Equilibrando a Produtividade e o Bem-Estar
- SC Revolucionando Negócios: De la Empresa Convencional a la Empresa Inteligente
- The Power of UQ: The Theory of Balance: UQ (Universal Synchronic Intelligence Quotient)
- The UQ AI Effect: Intelligent Leadership in a VUCA World
- UQ AI: The Key to Intelligent Parameterization in AI
- UQ Course for Visionary Leaders: Lesson 2- Strategies for Implementing ChatUQAI
- UQ course for visionary leaders: Lesson 3 - Valuable advancements with shadows of Plato and Socratic method
- UQ in Artificial Intelligence: Amplifying Success in All Areas of Life
- UQ Revolutionizing Business from Conventional Companies to Intelligent Companies: Universal Synchronic Quotient of Intelligence
- UQAI in Remote Work: The New Reality Balancing Productivity and Well-being

Você pode encontrar essas obras em versão impressa em várias livrarias e lojas online, como Barnes & Noble, Amazon, Goodreads e ThriftBooks. Essas obras são uma excelente oportunidade para aprofundar seus conhecimentos sobre o equilíbrio do QU em diferentes áreas da vida.

A autora também possui uma página de autora onde você pode encontrar mais informações sobre suas obras e ficar atualizado sobre seus lançamentos mais recentes. Aproveite a oportunidade para explorar esses livros e mergulhar nas reflexões e conhecimentos proporcionados pela autora Katia Doria Fonseca Vasconcelos.